RETRO PIXEL ART SKETCH PAD

Pixel Art Doodling for All Ages

Gazzapper Press

First Published in 2016 by Gazzapper Press

http://www.gazzapper.com

Cover design by German Creative

Published By Gazzapper Press

ISBN: 0993474438
ISBN-13: 978-0993474439 (Gazzapper Press)

DEDICATION

To the retro game creators of the 8-bit micros who showed us the beauty of limits.

CONTENTS

SPECIAL THANKS

Game Developers the world over for creating amazing new pixel art every day

Indie Game: The Movie for being a great film

All the 8-bit micro pioneers who had a vision to make video games mainstream

ACKNOWLEDGEMENTS

German Creative for our cover design

Freepik for some of the pixel art images

INTRODUCTION

Back in the 1980s, pixel art didn't exist, instead it was known under the general term of 'Computer Graphics'. The recent surge of indie video games and documentaries like **Indie Game: The Movie** has brought the retro aesthetics of 1980s computer graphics back into mainstream. Games like **Fez** and **Super Meat Boy** weren't the only ones to popularize pixel art, other hit indie games like **Papers Please**, **Shovel Knight** and **Terraria** also made their mark and cemented the art form in modern gaming.

Pixel art is now a part of popular culture and has allowed many upcoming game designers and developers to hone their skills without the requirement of an art degree. Good pixel art still requires skill, patience and lots of practice. Anyone can have fun learning to create pixel art.

This book is for **budding artists, Gam Jam** participants and people of all ages that like to **doodle** and sketch pixel art. This is not a "How To" book on Pixel Art, it is an activity book for fun and to help improve your skills.

In the early days of game development many coders and game artists used graph paper or similar techniques to create their game assets (sprites). This book is a tool to help develop your freehand pixel art style before transferring your finished version to your PC. It also serves as an invaluable **Diary** of your Pixel Art projects.

I originally created this book for myself, but thought other Pixel Art Fans and Hobbyists would find it useful and enjoy having a place to store and work on ideas while **AFK (Away from Keyboard)**.

So please enjoy your **Doodling** and start creating some great pixel art!

Gary Plowman

Gazzapper Games (www.gazzapper.com)

WHAT IS PIXEL ART?

Pixel art is a type of digital art where an image is built up pixel by pixel in a limited resolution and often using a limited color palette (using only 4,8,16 or 32 colors). It is these limits which give pixel art its own unique graphical style. Other aspects of pixel art, such as 'outlining' and 'dithering patterns' are part of retro pixel art creation. You can find out all you need to know about these techniques via online pixel art tutorials and resources.

HOW TO USE THIS BOOK

There are pages here for creating your custom palettes but also there are palettes to use on each sprite page for your convenience. To increase over 64 colors just combine palette boxes to note extra palette colors. This book can be taken **anywhere** for you to **practice** your pixel art skills. The grids are purposely created in light grey to allow them to fade into the background and allow your image to come to the foreground.

Other suggested equipment:
Color pencil set (pencil marks can be erased if mistakes are made)

- A good Eraser for mistakes (or your might prefer Tippex)
- A ruler: to create straight lines more quickly and to divide up palette or sprite grids as required
- Sizes: 16 x 16, 32 x 32, 16 x 32 or 32 x 16 (by dividing up 32 x 32 grid) and 64 x 64

I hope you enjoy using this book and it helps you to further develop your pixel art skills.

PIXEL ART RULES

If you are new to pixel art, here are some tips or rules…

1. Only 1 color per pixel box square!
2. Have your color palette planned in advance. If you add new colors to an image make sure to include them in your Palette Grid too.
3. Build your image 1 pixel box at a time.
4. Start with simple images e.g. Tree, Wooden Chest, Torch etc.
5. Don't be afraid of mistakes! Your creations will not be perfect at the start!
6. Try to avoid uneven jagged diagonals (they don't look very nice).
7. Review your creations at a distance to see how they will look in a game.

SUGGESTIONS FOR YOUR PIXEL ART

16 x 16 Sprites

Aliens, Faces, Torches, Trees, Flowers, Balls, Hats, Birds, etc.

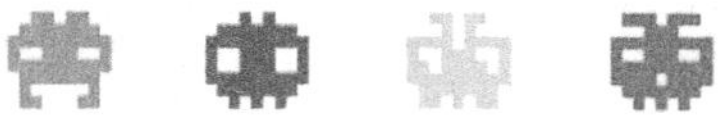

16 x 32 Sprites

People, Trees, Buildings, Poles, Ladders, Doors,

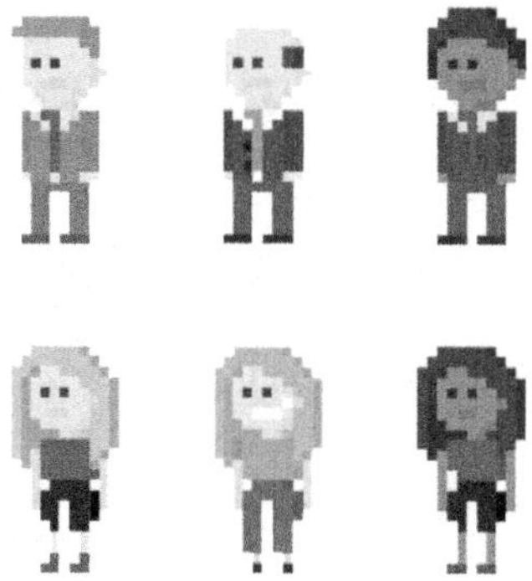

32 x 32 Sprites

Chests, Background details, Tiles for levels, Cars, Trucks, etc.

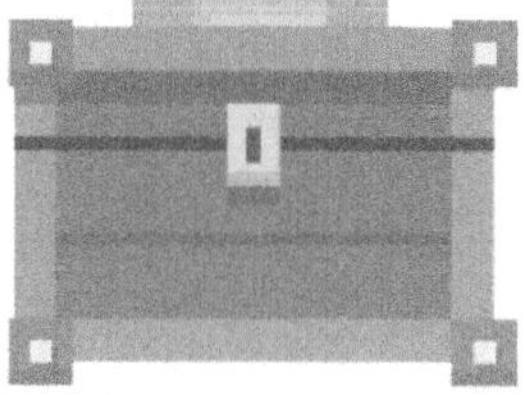

PALETTES

16 - 64 COLOR PALETTES

Palette ________________ Palette:________________ Palette:________________

Palette ________________ Palette:________________ Palette:________________

Palette ________________ Palette:________________ Palette:________________

Palette ________________ Palette:________________ Palette:________________

Palette ________________ Palette:________________ Palette:________________

Palette ________________ Palette:________________ Palette:________________

128 Color Palettes

Palette ________________ Palette:________________ Palette:________________

Palette ________________ Palette:________________ Palette:________________

Palette ________________ Palette:________________ Palette:________________

16 x 16 SPRITES

PROJECT:____________

Palette ______________

Palette:______________

Palette:______________

Name

Name

Name

Name

Name

Name

Name

Name

Name

PROJECT:____________

Palette ______________

Palette:______________

Palette:______________

Name

Name

Name

Name

Name

Name

Name

Name

Name

PROJECT:____________

Palette ______________

Palette:______________

Palette:______________

Name

Name

Name

Name

Name

Name

Name

Name

Name

PROJECT:____________

Palette ______________

Palette:______________

Palette:______________

Name

Name

Name

Name

Name

Name

Name

Name

Name

PROJECT:____________

Palette ______________

Palette:______________

Palette:______________

Name

Name

Name

Name

Name

Name

Name

Name

Name

PROJECT:___________

Palette ______________

Palette:______________

Palette:______________

Name

Name

Name

Name

Name

Name

Name

Name

Name

PROJECT:___________

Palette _____________

Palette:_____________

Palette:_____________

Name

Name

Name

Name

Name

Name

Name

Name

Name

PROJECT:____________

Palette ______________

Palette:______________

Palette:______________

Name

Name

Name

Name

Name

Name

Name

Name

Name

PROJECT:___________

Palette ______________

Palette:______________

Palette:______________

Name

Name

Name

Name

Name

Name

Name

Name

Name

PROJECT:___________

Palette ______________

Palette:______________

Palette:______________

Name

Name

Name

Name

Name

Name

Name

Name

Name

PROJECT:____________

Palette ______________

Palette:______________

Palette:______________

Name

Name

Name

Name

Name

Name

Name

Name

Name

PROJECT:____________

Palette ______________

Palette:______________

Palette:______________

Name

Name

Name

Name

Name

Name

Name

Name

Name

PROJECT:___________

Palette ______________

Palette:______________

Palette:______________

Name

Name

Name

Name

Name

Name

Name

Name

Name

PROJECT:___________

Palette ____________

Palette:____________

Palette:____________

Name

Name

Name

Name

Name

Name

Name

Name

Name

PROJECT:___________

Palette ______________

Name

Name

Name

Palette:______________

Name

Name

Name

Palette:______________

Name

Name

Name

PROJECT:____________

Palette ______________

Palette:______________

Palette:______________

Name

Name

Name

Name

Name

Name

Name

Name

Name

PROJECT:___________

Palette ___________

Palette:___________

Palette:___________

Name

Name

Name

Name

Name

Name

Name

Name

Name

PROJECT:___________

Palette ____________

Palette:____________

Palette:____________

Name

Name

Name

Name

Name

Name

Name

Name

Name

PROJECT:____________

Palette ______________

Palette:______________

Palette:______________

Name

Name

Name

Name

Name

Name

Name

Name

Name

PROJECT:____________

Palette ______________

Name

Name

Name

Palette:______________

Name

Name

Name

Palette:______________

Name

Name

Name

PROJECT:___________

Palette ______________

Palette:______________

Palette:______________

Name

Name

Name

Name

Name

Name

Name

Name

Name

PROJECT:____________

Palette ______________

Name

Name

Name

Palette:______________

Name

Name

Name

Palette:______________

Name

Name

Name

PROJECT:____________

Palette ______________

Palette:______________

Palette:______________

Name

Name

Name

Name

Name

Name

Name

Name

Name

PROJECT:___________

Palette ____________

Palette:____________

Palette:____________

Name

Name

Name

Name

Name

Name

Name

Name

Name

PROJECT:____________

Palette ______________

Palette:______________

Palette:______________

Name

Name

Name

Name

Name

Name

Name

Name

Name

PROJECT:___________

Palette ____________

Name

Name

Name

Palette:____________

Name

Name

Name

Palette:____________

Name

Name

Name

PROJECT:____________

Palette ______________

Palette:______________

Palette:______________

Name

Name

Name

Name

Name

Name

Name

Name

Name

PROJECT:____________

Palette ______________

Palette:______________

Palette:______________

Name

Name

Name

Name

Name

Name

Name

Name

Name

PROJECT:___________

Palette ____________

Palette:____________

Palette:____________

Name

Name

Name

Name

Name

Name

Name

Name

Name

PROJECT:___________

Palette ____________

Name

Name

Name

Name

Palette:____________

Name

Name

Name

Palette:____________

Name

Name

Name

PROJECT:____________

Palette ______________

Palette:______________

Palette:______________

Name

Name

Name

Name

Name

Name

Name

Name

Name

PROJECT:____________

Palette ______________

Palette:______________

Palette:_______________

Name

Name

Name

Name

Name

Name

Name

Name

Name

PROJECT:___________

Palette _____________

Palette:_____________

Palette:_______________

Name

Name

Name

Name

Name

Name

Name

Name

Name

PROJECT:____________

Palette ______________

Palette:______________

Palette:______________

Name

Name

Name

Name

Name

Name

Name

Name

Name

PROJECT:___________

Palette _____________

Palette:_____________

Palette:_____________

Name

Name

Name

Name

Name

Name

Name

Name

Name

PROJECT:____________

Palette ______________

Palette:______________

Palette:______________

Name

Name

Name

Name

Name

Name

Name

Name

Name

PROJECT:___________

Palette ____________

Palette:____________

Palette:____________

Name

Name

Name

Name

Name

Name

Name

Name

Name

PROJECT:____________

Palette ______________

Palette:______________

Palette:______________

Name

Name

Name

Name

Name

Name

Name

Name

Name

PROJECT:____________

Palette ____________

Palette:____________

Palette:____________

Name

Name

Name

Name

Name

Name

Name

Name

Name

PROJECT:___________

Palette ____________

Palette:____________

Palette:____________

Name

Name

Name

Name

Name

Name

Name

Name

Name

PROJECT:___________

Palette ____________

Palette:____________

Palette:____________

Name

Name

Name

Name

Name

Name

Name

Name

Name

PROJECT:___________

Palette ___________

Palette:___________

Palette:___________

Name

Name

Name

Name

Name

Name

Name

Name

Name

PROJECT:___________

Palette ______________

Palette:______________

Palette:______________

Name

Name

Name

Name

Name

Name

Name

Name

Name

PROJECT:___________

Palette ______________

Palette:______________

Palette:______________

Name

Name

Name

Name

Name

Name

Name

Name

Name

PROJECT:____________

Palette ______________

Palette:______________

Palette:______________

Name

Name

Name

Name

Name

Name

Name

Name

Name

PROJECT:___________

Palette ____________

Palette:____________

Palette:____________

Name

Name

Name

Name

Name

Name

Name

Name

Name

PROJECT:___________

Palette ______________

Palette:______________

Palette:______________

Name

Name

Name

Name

Name

Name

Name

Name

Name

PROJECT:____________

Palette ______________

Palette:______________

Palette:______________

Name

Name

Name

Name

Name

Name

Name

Name

Name

PROJECT:___________

Palette _____________

Palette:_____________

Palette:_____________

Name

Name

Name

Name

Name

Name

Name

Name

Name

PROJECT:___________

Palette ____________

Palette:____________

Palette:____________

Name

Name

Name

Name

Name

Name

Name

Name

Name

PROJECT:___________

Palette ______________

Palette:______________

Palette:_______________

Name

Name

Name

Name

Name

Name

Name

Name

Name

PROJECT:____________

Palette ______________

Palette:______________

Palette:______________

Name

Name

Name

Name

Name

Name

Name

Name

Name

PROJECT:____________

Palette ______________

Palette:______________

Palette:______________

Name

Name

Name

Name

Name

Name

Name

Name

Name

32 x 32 SPRITES

PROJECT:____________

Palette ______________ Palette:______________ Palette:______________

Name

Name

Name

Name

PROJECT:___________

Palette _____________

Palette:_____________

Palette:_____________

Name

Name

Name

Name

PROJECT:___________

Palette _____________

Palette:_____________

Palette:_____________

Name

Name

Name

Name

PROJECT:____________

Palette ______________

Palette:______________

Palette:_______________

Name

Name

Name

Name

PROJECT:____________

Palette ______________

Palette:______________

Palette:_______________

Name

Name

Name

Name

PROJECT:____________

Palette ______________

Palette:______________

Palette:_______________

Name

Name

Name

Name

PROJECT:___________

Palette _____________

Palette:_____________

Palette:_______________

Name

Name

Name

Name

PROJECT:___________

Palette ______________

Palette:______________

Palette:_______________

Name

Name

Name

Name

PROJECT:___________

Palette _____________

Palette:_____________

Palette:_____________

Name

Name

Name

Name

PROJECT:___________

Palette ____________

Palette:____________

Palette:____________

Name

Name

Name

Name

PROJECT:___________

Palette _____________ Palette:_____________ Palette:______________

Name

Name

Name

Name

PROJECT:___________

Palette ______________

Palette:______________

Palette:______________

Name

Name

Name

Name

PROJECT:____________

Palette ______________ Palette:______________ Palette:______________

Name

Name

Name

Name

PROJECT:____________

Palette ______________ Palette:______________ Palette:______________

Name

Name

Name

Name

PROJECT:____________

Palette ______________

Palette:______________

Palette:_______________

Name

Name

Name

Name

PROJECT:___________

Palette ____________

Palette:____________

Palette:____________

Name

Name

Name

Name

PROJECT:___________

Palette ____________

Palette:____________

Palette:____________

Name

Name

Name

Name

PROJECT:___________

Palette ____________

Palette:____________

Palette:____________

Name

Name

Name

Name

PROJECT:___________

Palette ___________

Palette:___________

Palette:___________

Name

Name

Name

Name

PROJECT:___________

Palette ______________ Palette:______________ Palette:______________

Name

Name

Name

Name

PROJECT:____________

Palette ______________

Palette:______________

Palette:_______________

Name

Name

Name

Name

PROJECT:___________

Palette ______________

Palette:______________

Palette:______________

Name

Name

Name

Name

PROJECT:___________

Palette _____________ Palette:_____________ Palette:_____________

Name

Name

Name

Name

PROJECT:___________

Palette ______________

Palette:______________

Palette:_______________

Name

Name

Name

Name

PROJECT:___________

Palette ______________

Palette:______________

Palette:______________

Name

Name

Name

Name

PROJECT:____________

Palette ______________

Palette:______________

Palette:______________

Name

Name

Name

Name

PROJECT:___________

Palette _____________

Palette:_____________

Palette:_____________

Name

Name

Name

Name

PROJECT:____________

Palette ______________

Palette:______________

Palette:______________

Name

Name

Name

Name

PROJECT:___________

Palette _____________

Palette:_____________

Palette:_____________

Name

Name

Name

Name

PROJECT:___________

Palette _____________ Palette:_____________ Palette:_____________

Name

Name

Name

Name

PROJECT:___________

Palette _____________

Palette:_____________

Palette:_____________

Name

Name

Name

Name

PROJECT:___________

Palette ____________

Palette:____________

Palette:____________

Name

Name

Name

Name

PROJECT:___________

Palette ______________

Palette:______________

Palette:______________

Name

Name

Name

Name

PROJECT:____________

Palette ______________ Palette:______________ Palette:______________

Name

Name

Name

Name

PROJECT:___________

Palette ____________

Palette:____________

Palette:____________

Name

Name

Name

Name

PROJECT:____________

Palette ______________

Palette:______________

Palette:______________

Name

Name

Name

Name

PROJECT:___________

Palette _____________ Palette:_____________ Palette:_____________

Name

Name

Name

Name

PROJECT:____________

Palette ______________ Palette:______________ Palette:______________

Name

Name

Name

Name

PROJECT:___________

Palette ______________

Palette:______________

Palette:______________

Name

Name

Name

Name

PROJECT:___________

Palette ____________ Palette:____________ Palette:____________

Name

Name

Name

Name

PROJECT:___________

Palette ____________

Palette:____________

Palette:____________

Name

Name

Name

Name

PROJECT:___________

Palette _____________ Palette:_____________ Palette:_____________

Name

Name

Name

Name

PROJECT:___________

Palette ____________

Palette:____________

Palette:____________

Name

Name

Name

Name

PROJECT:___________

Palette ______________

Palette:______________

Palette:_______________

Name

Name

Name

Name

PROJECT:___________

Palette _____________ Palette:_____________ Palette:______________

Name

Name

Name

Name

PROJECT:____________

Palette ______________

Palette:______________

Palette:______________

Name

Name

Name

Name

PROJECT:___________

Palette ______________

Palette:______________

Palette:______________

Name

Name

Name

Name

PROJECT:___________

Palette _____________

Palette:_____________

Palette:______________

Name

Name

Name

Name

PROJECT:___________

Palette _____________

Palette:_____________

Palette:_____________

Name

Name

Name

Name

PROJECT:___________

Palette ______________

Palette:______________

Palette:______________

Name

Name

Name

Name

PROJECT:___________

Palette ______________

Palette:______________

Palette:______________

Name

Name

Name

Name

PROJECT:____________

Palette ______________ Palette:______________ Palette:_______________

Name

Name

Name

Name

PROJECT:___________

Palette _____________

Palette:_____________

Palette:______________

Name

Name

Name

Name

PROJECT:____________

Palette ______________

Palette:______________

Palette:_______________

Name

Name

Name

Name

PROJECT:____________

Palette ______________ Palette:______________ Palette:______________

Name

Name

Name

Name

PROJECT:___________

Palette _____________

Palette:_____________

Palette:_____________

Name

Name

Name

Name

PROJECT:____________

Palette ______________

Palette:______________

Palette:______________

Name

Name

Name

Name

PROJECT:____________

Palette ______________

Palette:______________

Palette:_______________

Name

Name

Name

Name

PROJECT:___________

Palette ____________

Palette:____________

Palette:____________

Name

Name

Name

Name

PROJECT:___________

Palette ____________

Palette:____________

Palette:____________

Name

Name

Name

Name

PROJECT:___________

Palette _____________

Palette:_____________

Palette:______________

Name

Name

Name

Name

PROJECT:___________

Palette _____________

Palette:_____________

Palette:_______________

Name

Name

Name

Name

PROJECT:____________

Palette ______________

Palette:______________

Palette:______________

Name

Name

Name

Name

64 x 64 SPRITES

PROJECT:___________

Palette _______________

Name

PROJECT:____________

Palette ______________

Name

PROJECT:___________

Palette _____________

Name

PROJECT:___________

Palette _______________

Name

PROJECT:___________

Palette ______________

Name

PROJECT:___________

Palette ______________

Name

PROJECT:____________

Palette ______________

Name

PROJECT:___________

Palette _______________

Name

PROJECT:___________

Palette _____________

Name

PROJECT:___________

Palette _______________

Name

PROJECT:___________

Palette _____________

Name

PROJECT:____________

Palette _______________

Name

PROJECT:____________

Palette ______________

Name

PROJECT:___________

Palette _____________

Name

PROJECT:___________

Palette _____________

Name

PROJECT:____________

Palette _______________

Name

PROJECT:____________

Palette ______________

Name

PROJECT:____________

Palette _______________

Name

PROJECT:____________

Palette _______________

Name

PROJECT:___________

Palette _____________

Name

PROJECT:____________

Palette ______________

Name

PROJECT:____________

Palette ________________

Name

PROJECT:___________

Palette _____________

Name

PROJECT:___________

Palette _______________

Name

PROJECT:____________

Palette _______________

Name

PROJECT:___________

Palette _____________

Name

PROJECT:____________

Palette ______________

Name

PROJECT:___________

Palette ______________

Name

PROJECT:____________

Palette _______________

Name

PROJECT:___________

Palette _______________

Name

PROJECT:___________

Palette _______________

Name

PROJECT:___________

Palette ______________

Name

PROJECT:___________

Palette ______________

Name

PROJECT:____________

Palette _______________

Name

PROJECT:___________

Palette _____________

Name

PROJECT:___________

Palette _______________

Name

PROJECT:___________

Palette _______________

Name

OTHER BOOKS FROM GAZZAPPER PRESS

We hope you have enjoyed your purchase and that you have found it useful for your game projects.

If you wish to try your hand at some Retro coding and learn to create simple games…

ZX Spectrum Games Code Club: Twenty fun games to code and learn
(An Amazon Bestseller in Game Programming available in print and kindle editions)

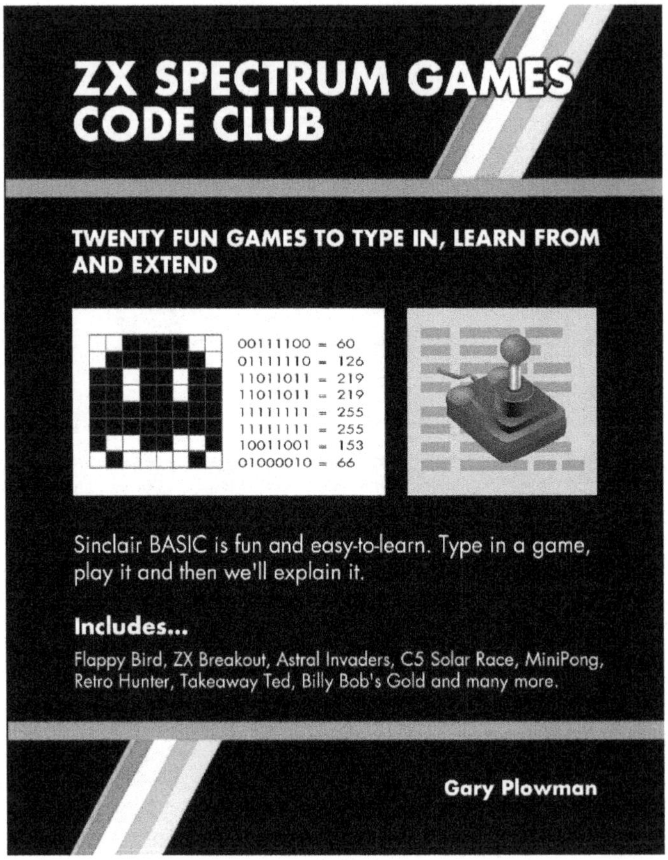

Made in the USA
Middletown, DE
22 December 2019

81671431R00093